BEI GRIN MACHT SICH IHR
WISSEN BEZAHLT

AF154641

- Wir veröffentlichen Ihre Hausarbeit,
  Bachelor- und Masterarbeit

- Ihr eigenes eBook und Buch -
  weltweit in allen wichtigen Shops

- Verdienen Sie an jedem Verkauf

Jetzt bei www.GRIN.com hochladen
und kostenlos publizieren

Michael Moschke

Fallanalyse Gesundheitsreform 2007

GRIN Verlag

Bibliografische Information der Deutschen Nationalbibliothek:

Die Deutsche Bibliothek verzeichnet diese Publikation in der Deutschen National-
bibliografie; detaillierte bibliografische Daten sind im Internet über http://dnb.d-
nb.de/ abrufbar.

Impressum:

Copyright © 2007 GRIN Verlag GmbH
Druck und Bindung: Books on Demand GmbH, Norderstedt Germany
ISBN: 978-3-638-95556-0

Dieses Buch bei GRIN:

http://www.grin.com/de/e-book/91871/fallanalyse-gesundheitsreform-2007

GRIN - Your knowledge has value

Der GRIN Verlag publiziert seit 1998 wissenschaftliche Arbeiten von Studenten, Hochschullehrern und anderen Akademikern als eBook und gedrucktes Buch. Die Verlagswebsite www.grin.com ist die ideale Plattform zur Veröffentlichung von Hausarbeiten, Abschlussarbeiten, wissenschaftlichen Aufsätzen, Dissertationen und Fachbüchern.

Wintersemester 2006/07
Veranstaltung: Politikfeldanalyse
Verfasser: Michael Moschke

Fallanalyse Gesundheitsreform 2007

Inhalt

„Ich bin der festen Überzeugung, und wir brauchen sie auch. Genauso wie wir andere und weitere Reformen brauchen. Wir haben jetzt gesehen: Die Beitragsanstiege sind ja nicht wegen der Gesundheitsreform entstanden, sondern sie sind der Tatsache geschuldet, dass sich die medizinischen Kosten weiterentwickeln. Wir müssen sie dämpfen und da werden mehr Wettbewerbselemente mit dieser Gesundheitsreform kommen. Also sie kommt, ja. "

- Angela Merkel auf die Frage ob die Gesundheitsreform wirklich zum 01.04.2007 in Kraft treten wird können

Einleitung

Es gibt wenige Themen die die Menschen in Deutschland mehr beschäftigen, berühren, politisieren und spalten als das Thema Gesundheit und im weiteren Sinne Gesundheitspolitik. Egal welcher Schicht, Bildungssparte oder politischer Richtung man entstammt, spätestens ab dem Moment an dem man sich selber versichern muss, werden alle Veränderungen am Gesundheitssystem, besonders was Leistungskataloge und Beitragshöhen anbelangt, mit großem Interesse verfolgt. Als im Jahr 2004 die Praxisgebühr eingeführt wurde, erlangte die damalige Debatte um die Extrazahlung schnell sehr aufgeladenen Charakter – viele erinnern sich bestimmt noch an die propagandistischen „Aufklärungsblätter" die in Arztpraxen auslagen und in denen darauf hingewiesen wurde, dass der Arzt selber die Gebühr natürlich ablehne aber vom Gesetz dazu verpflichtet wäre, sie einzukassieren.

Nun steht den Deutschen also wieder eine Gesundheitsreform ins Haus, und viele fragen sich, warum angesichts erst kürzlich vermeldeter Rekordgewinne der Krankenkasse nun schon wieder alles verändert werden muss.

Dieser Vortrag wird sich darum bemühen etwas Licht in das Dickicht der geplanten Veränderungen zu bringen. Ich werde zunächst etwas zum Begriff an sich sagen, dann kurz die Situation umreißen wie sich momentan darstellt, die beteiligten Akteure und ihre Forderungen und Ziele vorstellen, den bisherigen politischen Aushandlungsprozess beschreiben, die wichtigsten Änderungen umreißen und am Ende zu einem Fazit über die Erfolgsaussichten dieser Reform kommen.

1.   Gesundheitsreform: Begriffserklärung

Was genau ist eigentlich eine Gesundheitsreform? Die Frage mag seltsam anmuten, macht aber durchaus Sinn wenn man bedenkt, dass durch die verschiedenen Reformen der Sozialsysteme in der Vergangenheit im allgemeinen Verständnis „Reform" mit „Kürzung" gleichgesetzt wird.

Eine Gesundheitsreform ist dabei aber zunächst erst einmal ein genereller Eingriff des Gesetzgebers in die Rahmenbedingungen der Gesetzlichen und Privaten Krankenkassen mit dem Ziel Veränderungen im Beitragssatz-Leistungsverhältnis zu erreichen sowie das Gesundheitssystem im generellen zu verändern. Leistungskürzungen KÖNNEN ein Teil dieser Bemühungen sein, genauso können aber auch institutionelle Strukturen verändert oder in die medizinisch-wirtschaftlichen Beziehungen eingegriffen werden.

2.   Einblick in die momentane Situation des Gesundheitssystems

Zu den Problemen des Gesundheitssystems ist in der vergangnen Stunde ja schon sehr ausführlich gesprochen wurden. Ich will mich daher hier nur noch einmal überblicksartig mit den Gründen beschäftigen die zu den Forderungen einer Reform des Gesundheitssystems von praktisch allen Beteiligten geführt hat.

Das deutsche Gesundheitssystem ist im internationalen Vergleich nicht besonders effizient. 2003 gaben nur zwei OECD Länder mehr Geld für die Pro-Kopf Versorgung ihrer Bevölkerung aus. An sich vielleicht nicht besonders beanstandungswürdig, würden sich diese hohen Zahlen im Ergebnis – einer gesünderen Bevölkerung mit angemessen höherer Lebenserwartung widerspiegeln. Das tun sie aber leider nicht. In Spanien ist die durchschnittliche Lebenserwartung ein Jahr in Italien und Schweden gar zwei und in Japan drei Jahre höher als es in Deutschland der Fall ist.

Um noch einmal zum Geld zurückzukommen. Seit der Gesundheitsreform 2003 konnten die Krankenkassen zwar einen Überschuss verzeichnen, dieser fiel 2006 aber schon wieder viel geringer aus. Schaut man sich die Preisentwicklung im medizinischen Bereich und die demographische Entwicklung in Deutschland an, so wird schnell klar dass die durch die ursprüngliche Gesundheitsreform von 2004 eingeleiteten Veränderungen nicht dazu in der Lage sein werden, bei einer immer älter werdenden Bevölkerung und immer besserer aber auch teurerer medizinischer Versorgung (Steigerungsrate: 1% pro Jahr), die Beitragssätze stabil zu halten.

2.1 Einnahmen-Ausgabenübersicht der gesetzlichen Krankenkassen

Einnahmen und Ausgaben der gesetzlichen Krankenversicherung[a] 2003–2007 (Mrd. Euro)

	2003	2004	2005	2006[b]	2007[b]
Tatsächliche Sozialbeiträge	138,0	140,1	140,2	141,6	147,7
Unterstellte Sozialbeiträge	0,6	0,6	0,6	0,6	0,6
Empfangene Transfers vom Staat	2,3	3,2	4,6	6,5	3,8
Sonstige Einnahmen	1,0	1,1	1,0	1,0	1,0
Einnahmen insgesamt	142,0	145,0	146,4	149,7	153,1
Monetäre Sozialleistungen[c]	9,1	8,1	7,6	7,6	7,7
Soziale Sachleistungen	127,4	123,3	127,5	131,5	135,7
Sonstige Ausgaben[d]	8,9	8,7	9,1	9,3	9,5
Ausgaben insgesamt	145,3	140,1	144,2	148,4	152,9
Finanzierungssaldo	−3,3	4,9	2,2	1,3	0,2

[a]Abgrenzung der volkswirtschaftlichen Gesamtrechnungen. — [b]Prognose. — [c]Z.B. Krankengeld. — [d]Z.B. Löhne der Beschäftigten, Verwaltungsaufwand.

Quelle: Alfred Boss: Zur geplanten Reform des Gesundheitswesens, S. 2

2.2 Demographische Entwicklung in Deutschland

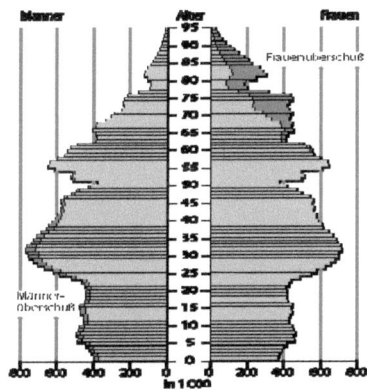

Alterspyramide:1995

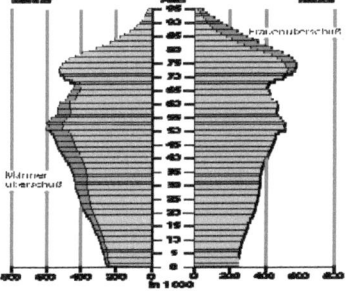

Berechnete
Alterspyramide:2040

Quelle: Statistisches Bundesamt:
http://www.destatis.de/themen/d/thm_gesundheit.php

5

2.3 Entwicklung der Beitragssätze:

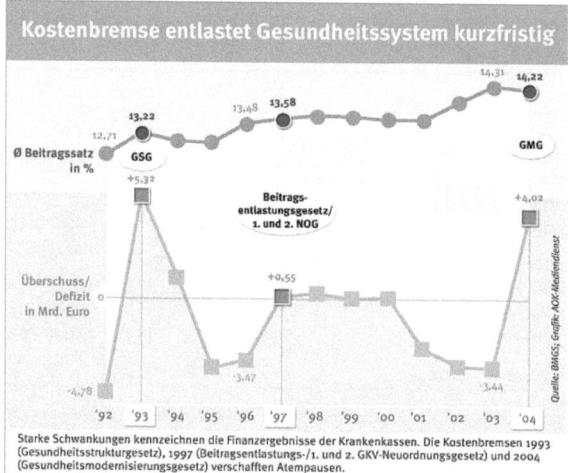

Kostenbremse entlastet Gesundheitssystem kurzfristig

Starke Schwankungen kennzeichnen die Finanzergebnisse der Krankenkassen. Die Kostenbremsen 1993 (Gesundheitsstrukturgesetz), 1997 (Beitragsentlastungs-/1. und 2. GKV-Neuordnungsgesetz) und 2004 (Gesundheitsmodernisierungsgesetz) verschafften Atempausen.

Als weitere Ursachen für die Kostensteigerungen im Gesundheitssystem gelten: sinkende Löhne (damit geringere Beiträge), steigende Arbeitslosigkeit, steigende Arzneimittelkosten (Steigerungsrate laut Gesundheitsministerium: 43,7%) und hohe Kostenverursachung durch ein zu hohes Maß an Bürokratie. So werden die Gesetzlichen Krankenkassen z.B. durch 7 Spitzenverbände vertreten und verwaltet. Viele dieser Problemfelder sollen mit der neuen Gesundheitsreform angegangen werden.

2.4   Lohnentwicklung in Deutschland:

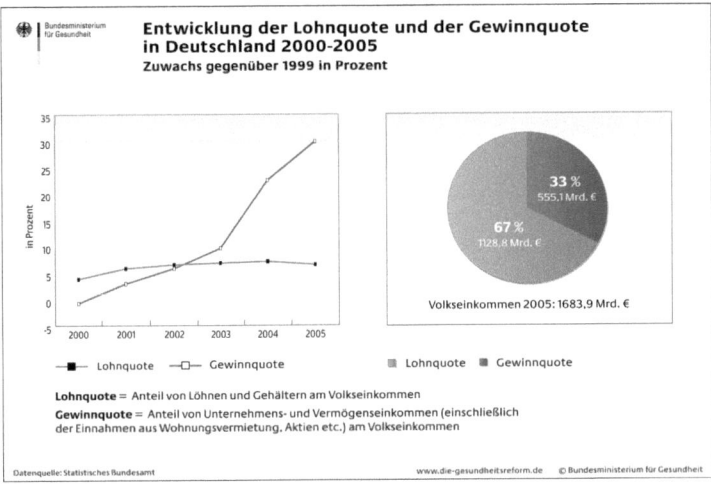

Quelle: www.aok.de

Erstes Fazit:

Soll auch in Zukunft eine umfassende gesundheitliche Absicherung der Bürger durch eine gesetzliche Gesundheitsfürsorge vor dem Hintergrund wirtschaftlicher Machbarkeit möglich sein, so ist eine Reform der Rahmenbedingungen dringend erforderlich. Das für diese Analyse gewählte Erfolgskriterium muss also lauten: Wurden bestehende Effizienthindernisse aus dem Weg geräumt und ist das Gesundheitssystem nach der Reform praktikabel und zukunftstauglich im Sinne einer gesicherten gesundheitlichen Allgemeinversorgung der Bevölkerung bei gleichzeitiger Gewährleistung einer den Regeln der Wirtschaftlichkeit folgenden Finanzierung.

3. Die Akteure und ihre Positionen/Forderungen an eine Gesundheitsreform

Allen hier aufgeführten Akteuren war zu Beginn der Gesundheitsreformdebatte eine Einsicht in die Notwendigkeit einer Veränderung des Gesundheitssystems gemein und kann als diesem Kapitel übergeordnet angesehen werden.

3.1. Parteien

Aus Platzgründen möchte ich mich nur auf die größten Volksparteien, der CDU/CSU und der SPD beschränken. Das ist insofern sinnvoll als sie ohnehin in der Legislative, Bundestag wie auch Bundesrat, eine komfortable Mehrheit genießen und gegen den Willen der anderen Parteien ihre Lösungen durchsetzen können. Außerdem sind es diese Parteien gewesen die in der Gesundheitsreformfrage eine Initiativ- und Aushandlungsrolle übernommen haben, während sich die anderen Parteien größtenteils auf das Kommentieren unterbreiteter Vorschläge beschränkten.

Eine Behebung des Finanzierungsproblems und der Effizienthindernisse war beiden Parteien gemein. Jedoch waren die hierfür gewählten Strategien sehr verschieden.

<u>SPD:</u>
<u>Zitiert aus dem Wahlmanifest von 2005:</u>
- Wir werden die Krankenversicherung zu einer Bürgerversicherung weiterentwickeln, in der gesetzliche und private Krankenversicherung nebeneinander Bestand haben.

Dabei gilt:
- Jeder muss versichert sein. Auch Gutverdienende, Beamte, Selbständige und Politiker werden in die solidarische Krankenversicherung einbezogen.
- Jede Kasse muss jeden und jede ohne Ansehen des Risikos versichern. Niemand wird ausgegrenzt. Auch kranke und behinderte Menschen können wählen. Es bleibt beim heutigen gesetzlichen Leistungskatalog.
- Jeder zahlt entsprechend seiner Leistungsfähigkeit. Die Beiträge zur Bürgerversicherung richten sich wie bisher nach dem Einkommen – bei Löhnen, Gehältern und Renten. Die Beitragsbemessungsgrenze bleibt bestehen. Zukünftig werden auch Ka-

pitalerträge zur Finanzierung herangezogen. Freibeträge schonen Durchschnittsersparnisse. Mieten und Pachten bleiben beitragsfrei.

- Die beitragsfreie Familienversicherung bleibt erhalten. In der Bürgerversicherung sind im bisherigen Umfang Familienmitglieder ohne Einkommen mitversichert.

- Das Nebeneinander von gesetzlichen und privaten Krankenversicherungen wird in einen Wettbewerb um die beste Versorgung umgewandelt.

CDU:

Zitiert aus dem Wahlkampfprogramm 2005:

- Die Krankenkassen erhalten für jeden erwachsenen Versicherten eine Gesundheitsprämie als kostendeckenden Beitrag.

- Die Gesundheitsprämie wird erstens gespeist aus der persönlichen Prämie jedes Versicherten. Für Versicherte mit niedrigem Einkommen greift automatisch ein sozialer Ausgleich. Dabei ist klar: Niemand zahlt bei Einführung der solidarischen Gesundheitsprämie mehr als bisher.

- Die Gesundheitsprämie wird zweitens gespeist aus der Arbeitgeberprämie. Dieser Anteil des Arbeitgebers wird festgeschrieben. Er bleibt dauerhaft begrenzt und damit von der Entwicklung der Krankheitskosten abgekoppelt. Bei Rentnern zahlen die Rentenversicherungsträger den Arbeitgeberanteil.

- Kinder werden beitragsfrei versichert; die dafür erforderlichen Beträge werden aus Steuermitteln finanziert.

- Wir stärken den Wettbewerb unter den Leistungsanbietern. Wir schaffen einen echten Wettbewerb der Kassen um die Versicherten. Die Krankenkassen müssen wesentlich stärker als bisher an den Wünschen der Versicherten orientierte unterschiedliche Tarife anbieten. Wir streben an, dass der Wechsel von einer privaten Krankenversicherung zu einer anderen erleichtert wird, indem Altersrückstellungen übertragen werden können. Auch der Wettbewerb von Ärzten, Krankenhäusern, Arzneimittelherstellern und Apotheken muss deutlich gestärkt werden.

3.2 Bürger

Die Bürgermeinung als solche zu erfassen ist schwierig, da es sich bei dem Feld der Gesundheitspolitik um einen sehr komplexen Sachverhalt handelt, der ein hohes Maß an Fachkenntnissen voraussetzt um sich eine qualifizierte Meinung zu bilden. Bedenkt man aber die Bedeutung die die Parteien diesem Thema im Bundestagswahlkampf 2005 beimaßen, bekommt man eine ungefähre Vorstellung von den Forderungen die die Wähler, wenn auch nicht sehr ausspezifiziert, an das Politische Entscheidungssystem stellen. Das Gesundheitssystem soll umfassend, rentabel, gerecht und preisökonomisch und zukunftssicher sein. Diese Forderungen darf die Große Koalition in ihren Bemühungen um eine Reform nicht ignorieren und wird es auch im Wissen um den Wiederwahlmechanismus auch nicht tun. Es ist anzunehmen, dass insbesondere mit Blick auf die o.g. Interessen von allen beteiligten politischen Akteuren immer wieder das „soziale, gerechte und nachhaltige" an den eigenen Vorschlägen und Ideen unterstrichen wird (s. z.B. der Koalitionsvertrag der Regierungsparteien 2005 ab S. 100)

3.3 Krankenkassen

Die 253 gesetzlichen Krankenkassen, vertreten durch das Gemeinschaftsprojekt aller sieben Spitzenverbände **GKV – Die gesetzlichen Krankenkassen** in Deutschland stellen an eine Gesundheitsreform die Hauptforderungen nach Sicherstellung ihrer wirtschaftlichen Überlebensfähigkeit; Schließung der geschätzten Finanzierungslücke von 16 Mrd. Euro bis 2009; Beibehaltung der Finanzautonomie (können eigene Beiträge festsetzen und erheben); Reduzierung der Mehrwertsteuer auf Arzneimittel; Finanzierung versicherungsfremder Leistungen aus Steuermitteln und Beibehaltung der Spitzenverbandstruktur

Die Privaten Krankenkassen (vertreten durch die **PKV- Die Privaten Krankenversicherungen**) fordern eine Sicherstellung ihres Fortbestehens parallel zur gesetzlichen Krankenversicherung. Eine Übertragbarkeit der Altersrückstellungen lehnt sie ab ebenso wie eine Einheitsversicherung im Sinne der Bürgerversicherung.

3.4 Beschäftigte

Im Gesundheitssystem sind laut Koalitionsvertrag über 4 Millionen Menschen beschäftigt. Diese sind bei Veränderung an den Rahmenbedingungen natürlich an der Beibehaltung ihrer Arbeitsplätze interessiert und werden hierbei vertreten von den

3.5 Gewerkschaften (Auswahl)

Ver.di fordert den Erhalt von Arbeitsplätzen im Gesundheitssystem und die Vermeidung einseitiger Belastungen für Krankenhäuser, da dadurch Arbeitsplätze gefährdet werden.

IG Metall fordert alle Arbeitenden in das gesetzliche Gesundheitssystem mit einzubeziehen und dieses paritätisch zu finanzieren. Förderung von Vorbeugung und Gesundheitsfürsorge. Stärkere Selbstverwaltung der Krankenkassen. Begrenzung von Markt und Verhandlungsmacht der kassenärztlichen Vereinigungen und der Pharmaindustrie.

Der DGB fordert eine Anpassung des Gesundheitssystems an eine sich verändernde Umwelt durch höhere Krankenkassenautonomie und Bürgerversicherung.

3.6 Kassenärztliche Bundesvereinigung:

Die KBV fordert eine verlässliche Finanzierungsgrundlage des Gesundheitssystems, feste Preise für ärztliche Leistungen, die gleiche „Vertragskompetenz für Kassenärztliche Vereinigungen, die der Gesetzgeber den Krankenkassen in Sonderverträgen einräumt", Ausschließung von Krankenhäusern von der ambulanten Behandlung die bisher nur Vertragsärzte ausführen dürfen und den Erhalt der Entscheidungskompetenz für die Gremien der gemeinsamen Selbstverwaltung.

3.7 Bundesverband der Pharmazeutischen Industrie (Bpi)

Der Bpi fordert eine Sicherstellung von Rahmenbedingungen die das Erforschen und Produzieren von Medikamenten für die Industrie in Deutschland rentabel hält. So sollen rezeptfreie Medikamentengruppen wieder von den Kassen erstattet werden und auf Arzneimittel generell nur die halbe Mehrwertsteuer gelten.

4. Die politischen Ausgestaltungsprozesse der Gesundheitsreform

Am 11.November 2005 erreichten die Koalitionsgespräche zwischen CDU und SPD ihren Abschluss mit der gemeinsamen Koalitionsvereinbarung. Hier wurde bereits eine Reform des Gesundheitswesens veranschlagt aber auch deutlich auf die programmatischen Unterschiede der Koalitionsparteien in dieser Frage hingewiesen.

Am 03. Juli 2006 die ersten Eckpunkte der Reform vorgestellt wurden – zentrale Vorhaben wie der Gesundheitsfond und die Möglichkeit für PKV Kunden bei Wechsel der Krankenkasse ihre Altersrückstellungen mitzunehmen waren bereits vorhanden. Wurde weiter verhandelt und am 5.Oktober kam es im Koalitionsausschuss zu einer Einigung.

Begleitet wurden die Verhandlungen von Inputversuchen der anderen o.g. Akteure (Protestschreiben, Demonstrationen) wobei nicht immer ganz klar war, welcher Akteur gerade diese Inputversuche unternahm. Beispielhaft soll hier der Fall der „längsten Gardarobe der Welt" welche von der KBV vor dem Reichstag aufgebaut wurde und symbolisieren sollte, dass Ärzte in Deutschland mit der Gesundheitsreform ihre Kittel an den Nagel hängen können genannt werden. Es stellte sich heraus, dass ein Teil der Demonstranten von der KBV gemietet wurden waren also eher in die Kategorie „Bürger" statt „betroffener Arzt" einzuordnen wären. Andere Akteure wurden auch nicht müde, ihre Interessen zu artikulieren. So weigerten sich am 16.10.2006 aus Protest einige Verbände medienwirksam an einer Anhörung zum Thema Gesundheitsreform mit dem Ressort von Ulla Schmidt teilzunehmen und am 11.Oktober fürchteten die Spitzenverbände der Krankenkassen um die Arbeitsplätze eines Großteils ihrer Mitarbeiter, sollten die Spitzenverbände zusammengelegt werden.

Unmittelbar vor einer Bundesratsdebatte zum Thema im Dezember, legte die Initiative Neue Soziale Marktwirtschaft eine Studie vor, die zeigen sollte, dass durch die Gesundheitsreform besonders südliche Bundesländer zum Vorteil der östlichen Bundesländer extrem stark finanziell mehr belastet würden. Dies führte zu besonderen Vorbehalten auf Seiten des CSU Vorsitzenden Stoiber, der durchblicken ließ, das Gesetz im Bundesrat nicht passieren zu lassen. Diese Befürchtungen wurden mit Hinweis auf andere Studien und methodische Ungenauigkeiten im o.g. Bericht sowie der Zusicherung, dass kein Land über 100 Millionen Euro mehr belastet würde aber letztlich beseitigt und am 12.01.2007 signalisierten die meisten Bundeslandsregierungen dass sie dem Gesetzentwurf, der am 02.Februar 2007 im Parlament beschlossen werden soll, wohl zustimmen werden.

Sehr interessant ist, welche ursprünglichen Forderungen der Akteure in den Kompromiss mit eingearbeitet wurden. So geht die Idee einer Kopfpauschale (eine der Möglichkeiten wie Kassen ihre Beiträge erheben sollen dürfen) sowie der verstärkte Wettbewerb auf CDU Ideen zurück, das Konzept einer Versicherung für jeden Bürger hingegen trägt deutliche die Handschrift der SPD.

5. Die wichtigsten Ergebnisse der Reform

Alle beschlossenen Änderungen zu erwähnen würde den Rahmen dieser Arbeit bei weitem sprengen. Die folgende Ergebnisübersicht ist eine Zusammenstellung aus Auflistungen aus dem FAZ Gesundheitsreform Dossier, einem Bericht von Ingmar Kumpmann in „Wirtschaft im Wandel" und den Informationen des Bundesgesundheitsministeriums.

5.1 Ärztehonorare

Bei der Vergütung der niedergelassenen Ärzte wird ab 2009 das komplizierte Punktesystem abgeschafft und durch eine neue Gebührenordnung mit festen Euro-Preisen ersetzt. Die bisherige Deckelung der Ärztebudgets läuft damit aus, Ärzte erhalten für medizinisch notwendige zusätzliche Leistungen zusätzliches Honorar.

5.2 Beiträge

Bis zum Start des Fonds entscheiden noch die Kassen über die Beitragshöhe. Für 2007 droht der Gesetzlichen Krankenversicherung (GKV) ein Finanzloch von bis zu fünf Milliarden Euro. Die Beiträge würden damit - je nach Kasse - um bis zu 0,5 Punkte steigen. Das Gesundheitsministerium erwartet jedoch einen geringeren Anstieg. Mit Einführung des Gesundheitsfonds ab dem 1. Januar 2009 zahlen alle Beitragszahler den gleichen Beitragssatz. Damit gelten – wie in der gesetzlichen Pflege-, Renten- und Arbeitslosenversicherung schon heute – einheitliche Beitragssätze auch in der gesetzlichen Krankenversicherung.

Dazu kommt ein ergänzender Zusatzbeitrag, den die Krankenkassen von ihren jeweiligen Versicherten direkt erheben können. Dabei wird ihnen freigestellt, diesen Zusatzbeitrag prozentual zum Einkommen oder als Kopfpauschale zu erheben. Der Zusatzbeitrag bleibt auf maximal 1% des Einkommens begrenzt. Kassen, die weniger ausgeben als sie Mittel aus dem Gesundheitsfonds erhalten, können ihren Mitgliedern stattdessen auch Beiträge erstatten. Die Krankenkassen erhöhen ihre lohnbezogenen Beitragssätze 2007 um ca. 0,5 Prozentpunkte, was voraussichtlich Mehreinnahmen von ca.

5 Mrd. Euro einbringen wird. Die Erhöhung trifft Arbeitnehmer und Arbeitgeber jeweils zur Hälfte. Der Beitragssatz erreicht damit im Durchschnitt der Krankenkassen 14,7% des Bruttolohns. Davon werden 6,9 Prozentpunkte vom Arbeitgeber gezahlt, der Arbeitnehmerbeitrag enthält weiterhin den 2005 eingeführten Sonderbeitrag von 0,9% und wird daher im Durchschnitt 7,8 Prozentpunkte betragen.

Um die Bezahlbarkeit des Basistarifs zu gewährleisten, darf dessen Beitrag für Einzelpersonen den durchschnittlichen Höchstbeitrag in der gesetzlichen Krankenversicherung nicht überschreiten. Der durchschnittliche Höchstbeitrag in der GKV beträgt derzeit rund 500 Euro. Sind Ehegatten oder Lebenspartner auch im Basistarif, darf die Prämie für beide Partner insgesamt nicht mehr als 150 Prozent des durchschnittlichen Höchstbeitrags der gesetzlichen Krankenversicherung betragen.

Würde die Bezahlung des Beitrags Hilfebedürftigkeit im Sinne von SGB II (Grundsicherung für Arbeit Suchende) oder SGB XII (Sozialhilfe) auslösen, stellen weitere gesetzliche Regelungen sicher, dass die Betroffenen nicht finanziell überfordert werden.

5.3 Einsparungen

Trotz der Leistungsausweitungen erwartet die Bundesregierung durch Minderausgaben bei Arzneimitteln, Krankenhäusern, Hilfsmitteln und Fahrkosten eine jährliche Entlastung von rund 1,8 Milliarden Euro. In 2007 sollen bei Inkrafttreten der Reform zum 1. April noch 1,4 Milliarden Euro gespart werden.

5.4 Gesundheitsfonds

Beiträge von Arbeitgebern und Arbeitnehmern sowie ein geringer Steueranteil fließen ab Januar 2009 in einen Fonds. Die Beiträge werden weiterhin von den einzelnen Kassen eingezogen und in den Fonds abgeführt. Daraus erhalten sie dann für ihre Versicherten jeweils eine Grundpauschale sowie alters- und risikobezogene Zuschläge. Die Beiträge werden bundeseinheitlich gesetzlich festgeschrieben.

5.5 Kindermitversicherung

Die kostenfreie Kindermitversicherung wird ab 2008 schrittweise zunehmend über Steuern finanziert. Der Steuerzuschuss soll 2008 1,5 Milliarden Euro, 2009 3,0 Milliarden Euro betragen. Steuererhöhungen soll es dafür zunächst nicht geben. Insgesamt schlägt die Kindermitversicherung in der GKV heute mit 14 Milliarden Euro zu Buche.

5.6 Länder-Klausel

Etwaige Mehrbelastungen für die Kassen „reicher" Bundesländer wie Bayern oder Baden-Württemberg im Zuge der Reform werden nicht auf einen Schlag, sondern in Schritten von je 100 Millionen Euro jährlich wirksam.

5.7 Leistungen

Empfohlene Schutzimpfungen und Mutter-Kind-Kuren werden Regelleistungen der GKV. Alte und Pflegebedürftige erhalten einen Rechtsanspruch auf Rehabilitation. Schwerstkranke erhalten eine Sterbebegleitung in ihrem häuslichen Umfeld. Verbesserungen gibt es auch für Heimbewohner und Schwerstbehinderte. Leistungskürzungen sind möglich in Fällen selbst verschuldeter Behandlungsbedürftigkeit. So sollen Versicherte verstärkt an Folgekosten für Schönheitsoperationen oder Piercings beteiligt werden. Bei Chronikern bleibt die Zuzahlung nur dann auf ein Prozent des Einkommens beschränkt, wenn sie sich therapiegerecht verhalten und Vorsorgeuntersuchungen mitmachen. Versicherte, die bestimmte Verhaltensanreize (zum Beispiel Vorsorgeuntersuchungen) ernst nehmen oder die im Krankheitsfall eine optimierte Versorgung (zum Beispiel Integrierte Versorgung oder Hausarztmodell) wählen, sollen von ihrer Kasse besser gestellt werden, als diejenigen, die keine gesundheitliche Verantwortung für sich selbst übernehmen.

5.8   Medikamente:

Der Nutzen von Medikamenten wird in Zukunft im Verhältnis zu den Kosten bewertet. Kassen erhalten mehr Möglichkeiten, mit den Herstellern günstigere Preise auszuhandeln.

Neue Produkte und Medikamente müssen sich zukünftig an ihrem Nutzen *und* an ihren Kosten messen lassen. Wir können nicht die begrenzten Mittel für fragwürdige Therapien oder Schein-Innovationen ausgeben.

- Spezielle, hochinnovative Arzneimittel sind nicht nur teuer, sondern oftmals auch risikoreich. Im Interesse der Patientensicherheit ist deshalb für die Verordnung solcher Medikamente zukünftig eine ärztliche Zweitmeinung erforderlich.
- Die Kosten für Arzneimittel gehören zu den ausgabentreibenden Faktoren im Gesundheitswesen. Deshalb wird der Arzneimittelbereich stärker für den Wettbewerb geöffnet. Krankenkassen und Apotheker erhalten erweiterte Möglichkeiten, mit den Herstellern günstigere Preise zu vereinbaren.

5.9   Risikostrukturausgleich (RSA)

Damit Kassen mit vielen Alten und Kranken keine Wettbewerbsnachteile mehr haben, werden ab 2009 die Kosten für 50 bis 80 schwere Krankheiten ausgeglichen.

5.10   Private Krankenversicherung (PKV):

Die Privatversicherer sollen sich künftig verstärkt um Bestandskunden bemühen. Beim Wechsel zu einer anderen Versicherung innerhalb der PKV können die Kunden daher künftig die aus ihren Beiträgen vorgenommenen Altersrückstellungen mitnehmen, wenn auch nur im Umfang eines neuen Basistarifs. Der Basistarif, der sich am GKV-Leistungskatalog orientiert, steht allen Neu- und Altkunden offen. Die Prämien dazu dürfen sich nur nach Alter und Geschlecht unterscheiden, Risikozuschläge darf es nicht geben.

5.11 Rückkehrrecht

Jeder soll künftig versichert sein. Wer den Versicherungsschutz verloren hat, erhält ein Rückkehrrecht in seine letzte private oder gesetzliche Versicherung.

5.12 Versicherungen

Die Kassen werden verpflichtet, den Versicherten eine Auswahl günstigerer Tarife anzubieten. So können Mitglieder Geld sparen, wenn sie einen Hausarzt-, Selbstbeteiligungs- oder Kostenerstattungstarif wählen. Kostengünstig wäre auch ein Tarif, bei dem die Kasse behandelnde Ärzte und Krankenhäuser aussucht. Um Zusammenschlüsse zu erleichtern, dürfen auch verschiedene Kassenarten wie Orts- und Betriebskrankenkassen fusionieren. Künftig vertritt ein einheitlicher Spitzenverband (statt wie bislang sieben) die Kassen in der gemeinsamen Selbstverwaltung mit den Ärzten.

5.13 Zusatzprämie

Krankenkassen, die gut wirtschaften, können ihren Versicherten Vergünstigungen gewähren oder Beiträge rückerstatten. Schlecht wirtschaftende Kassen können von ihren Versicherten eine Zusatzprämie erheben. Diese darf ein Prozent des Einkommens nicht überschreiten, bis zu einer Höhe von acht Euro monatlich entfällt jedoch die Einkommensprüfung. Daher kann bei Einkommen unter 800 Euro die Ein-Prozent-Grenze überschritten werden. Wird ein Zusatzbeitrag verlangt, kann der Versicherte in eine andere Kasse wechseln.

6. Einschätzung der Reform

Da die Gesundheitsreform noch nicht durch ein Organ der Legislative beschlossen wurden ist, kann es durch weiter Aushandlungsprozesse jederzeit noch zu Änderungen kommen. Was den Erfolg oder Misserfolg der Reform betrifft, so gibt es hierzu naturgemäß noch keine wirklich aussagekräftigen empirischen Studien – die Reform ist ja noch nicht in Kraft und alle bisher veröffentlichten Prognosen müssen sich den Vorwurf gefallen lassen, parteipolitisch oder politikideologisch geprägt zu sein. Ich werde daher die von mir am Anfang der Arbeit aufgestellten Kriterien zur Bewertung heranziehen müssen.

So muss meiner Meinung nach die Gesundheitsreform in ihrer bisherigen Form als durchaus wirksames Mittel zur Bekämpfung der anfangs genannten Probleme und Hindernisse gesehen werden wie im Folgenden Erörtert werden soll.

6.1 Kosten

Durch die teilweise Abkopplung der Gesundheitsbeiträge von den Löhnen durch Umstellung auf Steuerfinanzierung (Kindermitversicherung schrittweise über Steuern finanziert, Steuerzuschuss zum Gesundheitsfond) wird ein höheres Maß an Unabhängigkeit von Lohnentwicklungen erreicht und die Lohnnebenkosten teilweise gesenkt. Inwieweit dies zu einer Verbesserung der wirtschaftlichen Lage führen wird, bleibt abzuwarten. Durch Erhöhung des Beitragssatzes um 0,5%, die steuerliche Bezuschussung, die Förderung von Vorbeugemaßnahmen und stärkerer Verlagerung von Gesundheitskosten auf die Patienten wenn eine fahrlässige Gefährdung der Gesundheit der Grund für die Erkrankung ist, sollten – unter anderem – zu weiteren Einsparungen bei den Kassen führen und sie für die nächsten Jahre auf ein solideres finanzielles Fundament stellen. Hier ist allerdings fraglich inwieweit eine schlechtere konjunkturelle Lage sich auf das Steueraufkommen auswirken wird und ob es bei Steuerausfällen dann nicht vielleicht wieder zu Finanzierungsproblemen im Gesundheitssystem kommen könnte. Der zweigleisige Ansatz den Gesundheitsfond sowohl aus Beitragszahlungen als auch als Steuern zu finanzieren, könnte hier natürlich auch kompensierend wirken, da vor allem in Phasen des konjunkturellen Umschwungs eine der beiden Finanzierungsmittel eher besser unterfüttert sein wird und dann ausgleichend wirken kann (So steigen bei Konjunkturverbesserungen zunächst die Löhne und das Lohnaufkommen und damit die Sozialabgaben, bei Konjunkturverschlechterungen wirken die guten Steueraufkommen aus positiveren Zeiten noch nach).

Höchstpreise für Medikamente sowie den erzwungenen Bürokratieabbau durch Ersetzen der 7 Spitzenverbände der Krankenkasse durch eine Dachorganisation sollten ebenfalls diesem Ziel dienen.

Die Einführung eines Wettbewerbsfaktors in das Krankenkassensystem dadurch, dass rentabel arbeitende Krankenkassen ihren Kunden Beitragsersparungen anbieten dürfen, scheint ein guter Weg zu sein um Beiträge zu senken und unwirtschaftlich arbeitenden Krankenkassen das wirtschaftliche Überleben zu erschweren was zu einer Verkleinerung der Krankenkassenzahl und somit auch von Verwaltungsaufwand und Bürokratiekosten führen könnte. Das selbe Ziel wird übrigens auch durch die erleichterte Fusionierung zweier Kassen in erreichbare Nähe gestellt.

Die Erhöhung der Einkommensgrenze ab der ein Wechsel in eine private Versicherung möglich ist, wird sicherlich dazu führen, dass mehr Menschen, vor allem mit höherem Einkommen, in der gesetzlichen Krankenkasse verweilen und dort auch Beiträge zahlen was zu einer weiteren Verbesserung der finanziellen Lage der Kasse führen dürfte.

6.2 Gesundheitliche Allgemeinversorgung der Bevölkerung

Die Reform bringt für den einzelnen Versicherungsnehmer einige Vorteile. So hat in Zukunft jeder das Recht auf Gesundheitsversicherung, auch wenn vorher kein Anspruch bestand. Des Weiteren werden mit der Gesundheitsreform keine Leistungskürzungen verbunden sein, dafür aber einige Verbesserung vor allem im Vorsorgebereich. Durch die Einrichtung eines – mit der GKV vergleichbaren – Basistarifs in den privaten Versicherungen wird dem Kunden, im Sinne der Verbraucherfreundlichkeit, mehr Optionen geboten. Auch die Möglichkeit die für einen erhöhten Behandlungskostenaufwand im Alter angelegten Altersrückstellungen bei Wechsel von Privaten Krankenversicherung ist sicher eine Verbesserung im Vergleich zur früheren Handhabe die zum Verlust dieser Rückstellungen führte und praktisch den Wechsel bestrafte.

Vor allem die verstärkte Förderung gesundheitsbewussten Lebens und Abstrafung gesundheitsschädlicher oder –vernachlässigender Verhaltensweisen ist sicher ein Schritt nach vorn was die gesundheitliche Allgemeinversorgung und das Solidaritätsprinzip im System angeht. Inwiefern allerdings der Bürger in seiner Möglichkeit der Wahl seiner eigenen Lebensführung hier durch einen zu fürsorglichen und damit restriktiven Staat eingeschränkt wird ist eine andere Frage und wird sicher das Thema einiger Verfassungsklagen von dann Betroffenen sein.

6.3 Nachteile

Das in meiner Meinung größte Manko allerdings ist, dass der demografische Wandel von der Gesundheitsreform nicht ausreichend angegangen wird. Zwar werden die Versorgungsmöglichkeiten für eine älter werdende Gesellschaft durch Verbesserung der Vorsorgeuntersuchungen und Pflegesysteme angegangen, woher aber in einer Gesellschaft in der sehr viele Menschen im Renten- und damit pflegebedürftigeren Alter sein werden, die Steuern oder lohnabhängige Beiträge für das System kommen sollen, bleibt völlig unbeantwortet. Auch wird zwar versucht den steigenden Kosten bei Arzneimitteln beizukommen, wie aber die explodierenden Kosten in der Medizintechnologie eingedämmt werden sollen ist offen.

Insgesamt lautet mein Fazit also, dass durch ihre Verstärkung des Wettbewerbs, Verschlankung der Strukturen und besser finanzielle Ausstattung des Systems die Gesundheitsreform durchaus dazu beitragen kann ein zukunftsfähiges und finanziell tragbares Gesundheitssystem herzustellen und zumindest für die nächsten Jahre stabil zu halten. Die Folgen einer extremen Kinderlosigkeit und Vergreisung in Deutschland wird aber sie allein nicht kompensieren können. Hierfür bedarf es weiterer Veränderungen an anderen „Baustellen" des Sozialsystems.

7. Quellen

Boss, Alfred: Zur geplanten Reform des Gesundheitswesens

Gesundheitsreformdossier der FAZ: http://www.faz.net Stand: 18.01.2007

Gesundheitsreformdossier des ZDF:
http://www.zdf.de/ZDFde/inhalt/20/0,1872,2020692,00.html

Deutscher Gewerkschaftsbund (Positionen unter:
http://www.dgb.de/themen/themen_a_z/abiszdb/abisz_search?kwd=Gesundheitsreform&sho
wsingle=1) Stand: 17.01.2007

http://www.destatis.de

http://www.gesundheitsreform.de

http://www.g-k-v.de

http://www.kbv.de

Koalitionsvertrag von SPD und CDU 2005

Kumpmann, Ingmar, 2006: Gesundheitsreform – Einnahmenerhöhung statt Strukturreform in:
Wirtschaft im Wandel des Instituts für Wirtschaftsforschung Halle

Verband der Privaten Krankenversicherung.e.V. (Positionen unter:
http://www.pkv.de/default.asp) Stand: 17.01.2007

Ver.di (Positionen unter: http://gesundheitspolitik.verdi.de/) Stand: 17.01.2007

Wahlmanifest der SPD 2005

Wahlprogramm der CDU 2005